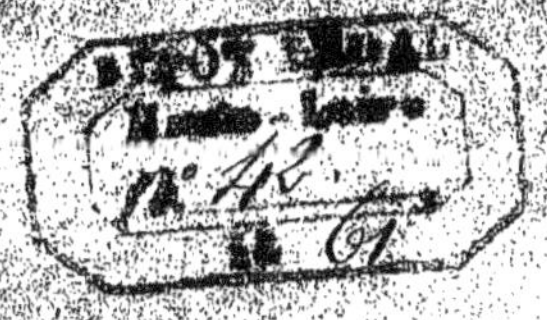

DISCOURS

EN VERS

SUR

LA TOLÉRANCE

ET LE

DÉSACCORD DES MŒURS ET DES DOCTRINES.

Par A.-T. DUMONT.

DEUXIÈME ÉDITION, REVUE ET AUGMENTÉE.

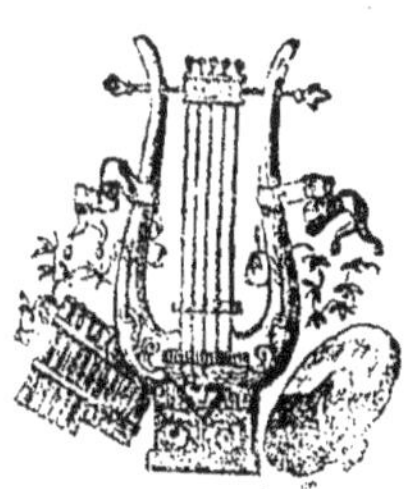

BRIOUDE,

IMPRIMERIE-LIBRAIRIE DE L. GALLICE.

1861.

DISCOURS EN VERS.

DISCOURS

EN VERS

SUR

LA TOLÉRANCE

ET LE

DÉSACCORD DES MŒURS ET DES DOCTRINES.

Par A.-T. DUMONT.

DEUXIÈME ÉDITION, REVUE ET AUGMENTÉE.

BRIOUDE,

IMPRIMERIE-LIBRAIRIE DE L. GALLICE.

1861.

L'esprit de parti, si répandu parmi nous, a tellement faussé nos
idées, que l'amour du pays est devenu presque un péril. Aux yeux
de certaines coteries, l'indépendance est un acte d'hostilité, et le
dévouement général se transforme en crime. Chacun se pose mo-
destement en Souverain Pontife, se proclame infaillible, et voudrait ériger en culte ses opinions personnelles, sans se piquer de
les mettre en pratique. Nos actions et nos principes n'osent vraiment *se regarder en face.* L'inconséquence est toute notre logique.
On prêche de tous côtés l'assimilation des hommes, et on ne la
veut pas pour ses concitoyens. La liberté des cultes est générale-
ment réclamée, et l'on repousse celle des opinions. C'est ce malheureux travers que j'ai tâché de peindre dans l'esquisse décolorée
que je soumets au public, en regrettant de n'avoir point à mon
service la palette brillante de tant de poètes, qui sont l'orne-
ment et l'honneur du siècle. Je l'envoyai, en 1856, au concours
des Jeux Floraux. Trois discours y avaient été présentés; le prix
fut réservé, et à titre d'encouragement, l'Académie des Jeux Floraux voulut bien adresser *franco* le programme de ses prix à
chacun des concurrents. Depuis, en 1858, j'ai publié ce discours
à la sollicitation de quelques personnes trop-bienveillantes. Cette
édition étant épuisée, j'en offre une nouvelle où se trouvent des
additions, sinon importantes, du moins assez nombreuses. Ce
serait un problème tout-à-fait digne des méditations élevées de nos
grands écrivains, que de rechercher les causes de notre intolérance
et de l'affligeant désaccord de nos mœurs et de nos doctrines. Loin
de moi l'espérance téméraire d'avoir atteint un but aussi noble
que difficile. Faible soldat perdu dans l'arène, j'ai dû me borner à
l'indiquer, en répétant avec cette classe de bons citoyens que l'on
traite de *niais : respect aux convictions sincères, tolérance, accord
des mœurs et du langage!* C'est là, si je ne me trompe, le pre-
mier pas à faire pour obtenir la réforme morale du pays : hors
de là, peut-être, ni bonheur public, ni bonheur privé! hors de
là, point de perfectionnement possible! Mais, cet espace une fois
franchi, l'intelligence publique achèverait paisiblement ses conquêtes, et répandrait ses rayons bienfaisants sur *ses obscurs blas-
phémateurs.*   A.-T. D.

Planant au-dessus de toutes les coteries,
politiques, exempte de tout préjugé natio-
nal, l'idée napoléonienne ne voit en France
que des frères faciles à réconcilier.
(OEUVRES DE NAPOLÉON III).

Tout homme dont la conduite est noble,
les sentiments élevés et généreux, qui ne
descend jamais à des bassesses, qui garde au
fond de son cœur une légitime indépendance, me semble respectable, quelles que
soient d'ailleurs ses opinions.
(CHATEAUBRIAND.)

Une vérité essentielle à répandre, c'est
que les opinions politiques et religieuses
peuvent être sans influence sur les qualités
du cœur. J'ai vu tous les partis; dans tous
j'ai rencontré des hommes pleins de désin-
téressement et de loyauté.
(J. DROZ.)

«Si de funestes divisions nous séparent,
il est du moins dans la morale un rendez-
vous commun où nous devons tous nous
réfugier et nous réunir.»

DISCOURS

EN VERS

SUR

LA TOLÉRANCE

ET

LE DÉSACCORD DES MŒURS ET DES DOCTRINES.

Oublions nos débats pour la cause commune.
A. SOUMET,
de l'Académie Française.

Ne pourrons-nous jamais, dans notre belle France,
Goûter quelques moments de paix, de tolérance?
D'un coupable égoïsme esclaves malheureux,
Nourrirons-nous toujours des sentiments haineux?
Quand mettrons-nous un frein à cet instinct sauvage?
Quand verra-t-on l'accord des mœurs et du langage?
Il est une doctrine au-dessus des partis;
Qui l'aime et la comprend ne voit plus d'ennemis.
Le Sauveur nous a dit : « Hommes, vous êtes frères;
« Ma loi doit prévaloir dans les deux hémisphères. »
Disciple de Jésus, abjure ou sois humain;
Un adversaire hostile est encor le prochain.
Errer de bonne foi ne fut jamais un crime.
Celui qui de nos cœurs peut seul sonder l'abîme
Nous prescrivit d'abord la pureté des mœurs;
Et tout homme de bien est sûr de ses faveurs.
Pourriez-vous demander plus que l'Être Suprême?
Qu'importe *ma couleur*, si mon but est le même,

Si je veux, comme vous, la grandeur du pays?
De quel droit osez-vous m'imposer votre avis?
Discutons sans fouler aux pieds les convenances;
Que nos cœurs soient unis malgré nos dissidences! (1)
J'admire Pélisson, disciple de Calvin,
Qui fut juqu'au tombeau l'ami de Sarasin, *
Et, dont le noble cœur, (trait sublime, héroïque!)
Exhala ses regrets en pieux catholique. (2)
Paul Ferri ** vénéra l'illustre Bossuet;
Bossuet sut chérir celui qu'il combattait,
Et, pendant les horreurs de la guerre civile,
A de jeunes proscrits il offrit un asile. (3)
A ces noms glorieux qu'il est doux d'ajouter
Châteaubriand, Carrel, et notre Béranger
Dont la Muse fidèle au malheur, à la gloire,
Des martyrs de Juillet protège la mémoire. (4)
Tels brillèrent jadis Métellus, Scipion,
Le célèbre Pompée, Atticus, Cicéron. (5)
Mais pourquoi rappeler Rome et son héroïsme?
Nos devoirs sont tracés par le christianisme;
Là, de l'humanité tous les droits sont écrits;
Dieu lui-même a parlé; nul doute n'est permis.
Dans ce code éternel chaque mot nous commande
La charité pour tous, comme la seule offrande
Qui puisse plaire au ciel, assurer le bonheur,
Et relier la terre à son divin auteur.
Marchons dans cette voie: observateurs fidèles

* Voir les notes.
* Principal Ministre des Protestants à Metz.

De ce culte d'amour, soyons-en les modèles.

Dans le flanc de l'Etat cessons de nous frapper,

Et ne provoquons plus l'orgueil de l'Etranger.

Gardons-nous d'en douter ! l'affligeante hérésie

N'eût jamais pu grandir sans cette frénésie,

Que l'on vit, en des jours d'ignorance et d'erreur,

Souiller indignement l'étendard du Sauveur.

Un seul cri désormais!... *Guerre à l'intolérance !*

Hâtons-nous de former une utile alliance .

Pour imprimer l'opprobre aux Tartuffes du tems,

Au fourbe politique, aux ingrats, aux méchants.

A cette soif de l'or, que l'on a pris pour guide,

A ce venin rongeur opposons une digue.

Sur ce terrain commun, venez, honnêtes gens,

Trève à nos longs combats! venez, serrons nos rangs!

Flétrissons de concert le tyran domestique

Qui, près de nos Laïs, se pavane en cynique,

Bravant toutes les lois, sans crainte, sans remords,

Et de la vertu même empruntant les dehors.

Que l'inceste hideux nous trouve inexorables !

Pour de si grands forfaits soyons tous implacables.

Accablons de mépris le magistrat vénal

Que l'on voit en comptoir changer son tribunal,

Et qui, pour assouvir une basse vengeance,

Au gré de ses amis *fait pencher la balance.*

Mettons au pilori l'agent provocateur,

Le vil folliculaire et *le noir délateur.*

Point de grâce aux abus ! honte, honte éternelle

Au Député parjure, au Ministre infidèle,
Au guerrier qui vendit les secrets de l'Etat,
Au prévaricateur, fier de son attentat,
Aux L.... de l'époque, * à l'avocat perfide
Qui trahit son client, au commerçant sordide
Qui, du respect public affichant le mépris,
Trafique des objets qu'il n'avait pas acquis.
Honte aux spoliateurs de notre Grande Armée, **
Aux vautours financiers dont la France est peuplée,
Au vieillard décrépit, qui de l'assassinat
Ne craint point d'exercer l'infâme apostolat !
Honte aux persécuteurs, aux écrivains funèbres
Qui veulent éclairer au moyen des ténèbres,
A tous ces partisans des plus affreux excès,
Qui circonscrivent Dieu dans la loi du succès !
Quels que soient leurs drapeaux, frappons ces misérables,
Types de lâcheté, reconnus incapables,
Pour qui le vice seul possède des attraits,
Et qui du ridicule ont épuisé les traits.
« Venez à moi, dit l'un, je suis ami de l'ordre. »
Sa vie est le miroir du plus complet désordre.
L'autre crie en tous lieux : *vive la liberté !*
Mais il veut dominer *de par l'égalité.*
Celui-ci, nuit et jour, feuillète l'Evangile,
Eh bien ! amis, parents, tous éprouvent sa bile.
Ce défenseur ardent de la religion
En antre de débauche a changé sa maison.

* Personne n'a perdu le souvenir du *Saint-Vincent-de-Paul* du notariat.

** Grâce à la *Cour des comptes*, plus de trois millions, volés par des fournisseurs de l'armée d'Orient, ont été restitués au Trésor.

« Anathême à Proud'hon! au feu son axiome! »

Dit ce jeune banquier que l'on croit honnête-homme ;

Le malheureux nous prête à cinquante pour cent,

Et veut, bon gré, mal gré, passer pour obligeant.

« Je suis seul dans le vrai, s'écrie un communiste. »

Il vous trompe, ouvriers, ce n'est qu'un égoïste.

Paul fait le libéral.... il est *persécuteur.*

Jules vole un dépôt.... c'est un *conservateur.*

Mais c'est assez fouiller au fond de nos annales ;

Il est temps de fermer le livre des scandales.

Et pourtant, que de faits bizarres, odieux,

S'offrent encore à moi, blessent partout les yeux !

Du fourbe Talleyrand on maudit le système,

Et chacun, l'imitant, dissimule de même. *

Sévère pour autrui, pour soi très-indulgent,

Contre la calomnie on tonne.... en déchirant.

« *Juvénal a raison.... Ah! respectons l'enfance,* » **

S'écrie un insensé.... dégoûtant de licence.

A l'égard de ses fils tel se montre absolu,

Qui de braver son père a fait une vertu.

« A mes amis, dit l'un, ma vie et ma fortune!... »

O honte! il les repousse aux moments d'infortune.

Un autre, pour les chiens rempli d'humanité,

Laisse mourir de faim le pauvre à son côté.

On fait assaut de *ton,* ... de *politesse exquise,*

Et l'on médit au temple.... on provoque à l'église !

Chaque culte, à l'envi, prescrit la charité,

Et jure haine à mort à tout culte opposé.

* « La parole n'a été donnée à l'homme, disait M. de T..., que pour dissimuler sa pensée »
** Maxima debetur puero reverentia.   (JUVÉNAL. Sat. XIV.)

D'où part ce cri?... *du sang!*... c'est d'un humanitaire.

Sous nos *libres penseurs* tout doit *plier* sur terre.

La piété sincère est un titre au décri,

Et l'on prend pour sa règle ou Barême ou Parny.

Lise impose à sa fille une conduite *austère*,

Et place *Indiana* tout près d'un *scapulaire*.

Du révérend Félix on quitte les sermons

Pour jouer à la Bourse, épier les salons,

Et, très-bien abrité par vingt ans de rapines,

On restitue enfin,... en livrant des ruines.

« La justice! le droit! » clament tous les partis,

Et tous, pour réussir, recourent aux fusils.

Tel foudroie au Palais un époux adultère,

Qui va souiller le toit d'un ami, de son frère. *

Par *esprit de famille* on délaisse les siens,

Et l'on rit du malheur de ses concitoyens.

L'amitié n'est qu'un bail au profit de l'intrigue.

Voyez ces *puritains!*... l'*intérêt* seul les guide.

Attaché tour-à-tour à l'Aigle, aux Fleurs de lys,

Tel adore les saints, qui les brûlait jadis.

Modéré,... quelque fois,... veut dire énergumène.

Ce fier indépendant!... c'est Cloris qui le mène.

Tel proclame en tous lieux.... la solidarité,

Qui n'aspire qu'à perdre un rival estimé.

Au nom des droits de l'homme on nargue la vieillesse;

Au sortir d'un boudoir on se rend à la messe;

Et des *Noirs* opprimés, tel se fait l'avocat,

Qui.... pressure les *Blancs*,... vendrait même l'Etat!

* Historique.

Vous connaissez ce chef de la démocratie, . . .
Il se pâme en parlant de blason, d'armoirie ;
Le luxe est, à l'entendre, une calamité ;
Louant à tout propos la médiocrité,
Il s'enroue à crier : ni château, ni chaumière !
Et bâtit un palais, . . . d'airain pour la misère.
De la propriété d'érudits défenseurs
Volent des manuscrits, . . . exploitent les auteurs.
Tel s'érige en patron du fameux code agraire,
Qui se ferait hâcher pour deux pouces de terre.
Au nom de la concorde on cherche à soulever,
Et *par patriotisme* on soutient l'étranger.
Un spadassin se pose en philantrope austère ;
Des amis de la paix nous poussent à la guerre !
Tel veut sous un seul toit loger tous les humains,
Qui cherche à diviser tous ses concitoyens.
Ici de la patrie on croit payer la dette,
En insultant Dupont, Cormenin, Lafayette.
Je lis sur ce drapeau le mot : *Fraternité ;*
Nulle part on ne vit de camp plus divisé :
On s'outrage, . . . on se bat ; . . . Sur la terre étrangère,
Un républicain meurt de la main de son frère.
Là des *conservateurs*, doucereux et bénins,
Voudraient qu'on fit *noyer* tous les républicains,
Et qui n'en rougirait ? j'ai vu la beauté même
Sourire avec transport à ce cri d'anathême.
Le parjure devient synonime d'honneur ;
Le crime est tour-à-tour protégé, protecteur ;
La dépravation a son culte, ses temples ;

Messieurs, voilà vos mœurs ! ce sont là vos exemples.

Remarquez, je ne fais qu'esquisser le tableau,

On n'en finirait pas ; je brise mon pinceau.

Partout le désaccord des mœurs et des doctrines,

Et partout l'horizon d'un pays en ruines,

Dont chacun froidement a commencé le deuil !

Laisserons-nous, amis, fermer notre cercueil ?

Faut-il de cette honte accepter l'héritage

Et par nos descendants faire abhorrer notre âge ?

Quoi ! toujours vingt drapeaux contre nous réunis !

Ne sommes-nous donc nés que pour être ennemis ?

L'homme, noble reflet de l'essence divine,

A-t-il répudié sa sublime origine ?

Enfants du même sol, membres du même Etat,

Devons-nous exciter un éternel combat

Entre des citoyens au cœur grand, magnanime,

Dignes de s'accorder une sincère estime,

Tous embrâsés d'amour pour notre nation,

Tous jaloux d'agrandir la gloire de son nom ?

Ah ! n'envénimons pas des partis la querelle ;

Pour notre chère France enflammons-les de zèle.

Proscrivons tous ces mots de *rouges* et de *blancs,*

Inventés au profit de quelques intrigants.

Brûlons les souvenirs de deux lustres de guerre ;

Amis du bien public prenons-le pour bannière !

Oh ! pour nous seulement une lutte d'honneur,

De vrai patriotisme et de bonté de cœur !

A l'œuvre ! occupons-nous de réforme morale ;

On a trop dédaigné cette source vitale.

En stériles débats que de temps consumé !
Détrône enfin l'erreur, auguste vérité !
Peuples, laissez tomber vos barrières impies,
Et Dieu viendra sourire aux nations amies.
Que tout prenne l'essor au souffle de la paix !
Divine Agriculture, accomplis tes bienfaits !
Couvre d'épis nos champs, et que notre industrie
Sur la Tamise émue aille exciter l'envie !
Du Grand-Siècle effaçons l'imposant souvenir ;
Ajoutons à sa gloire : à ce prix l'avenir !
Sous le chaume oublié répandons les lumières ;
Veillons avec amour au sort des prolétaires,
Et défenseurs constants de la propriété,
Donnons-la pour égide à notre liberté.
Une autre ère s'avance : admirons ces hospices,
Ouverts à l'ouvrier chargé de cicatrices.
Salut, mères du pauvre, ô Sœurs de charité,
Recevez de nos cœurs le tribut mérité.
Soyez toujours de Dieu le vivant tabernacle !
Est-il pour l'œil humain un plus touchant spectacle ?
Vous portez l'espérance au cœur des malheureux ;
Vous étanchez le sang du soldat valeureux ;
Et l'enfant au maillot, et le vieillard débile,
Ont en vous des appuis aux champs comme à la ville.
Un printemps éternel semble suivre vos pas ;
Vous veillez chaque nuit et ne vous lassez pas.
L'Univers à genoux à votre nom s'incline,
Et l'athée attendri foule aux pieds sa doctrine.
Salut, trois fois salut, anges de pureté,

Que Dieu verse sur vous ses trésors de bonté !
O vous, qui du progrès défendez la doctrine,
Et voulez féconder la semence divine. *
Parlez, parlez au nom de nos saints, des martyrs,
Et des peuples en deuil s'éteindront les soupirs.
C'est le gage assuré d'un succès véritable ;
Suivre tout autre plan, c'est bâtir sur le sable.
La Croix à l'univers promit la liberté ;
C'est l'arche de salut de la Société. (6)
L'Amérique, autrefois, prit pour rempart la Bible, (7)
Dès lors pour Albion elle fut invincible ;
Heureuse, si fidèle à ce beau souvenir,
Elle n'eût jamais vu son drapeau se ternir !
Mais loin de vos pensers les sinistres conquêtes
Qu'on ne peut obtenir qu'en immolant des têtes !
A des assassinats qui voudrait recourir ?
Est-ce en persécutant que l'on se fait chérir ?
Le glaive éclaire-t-il ? sabre-t-on les idées ?
Pour votre culte il faut des âmes élevées,
Bienveillantes pour tous ; des cœurs purs, généreux,
Qui s'inspirent toujours de la bonté des cieux.
Persuader, c'est vaincre ; et toute violence
(Un sage nous l'a dit), se change en impuissance. (8)
Le vice et la vertu ne peuvent s'allier ;
Triompher par le crime, amis, c'est succomber.
Pour qu'un seul sentiment un jour nous réunisse,

VARIANTE.

O vous, qui du progrès défendez l'oriflamme,
Qui voulez, en tous lieux, en répandre la flamme.

Appelez donc à vous l'équité, la justice.

Et vous, de l'Homme-Dieu prétendus sectateurs,

Chrétiens, qui nourrissez la haine dans vos cœurs,

Cèderez-vous enfin à la voix qui vous crie :

« Fuyez de mes autels, votre présence impie

« Répandrait la terreur dans ce Temple sacré,

« Et ferait blasphêmer la sainte vérité.

« On ne doit accuser que votre fanatisme,

« Si, malgré mes bienfaits, on a vu l'athéisme

« Troubler des nations le légitime espoir ;

« C'est l'oubli de ma loi qui le fit recevoir. »

— Epurez donc vos mœurs ! plus de culte en paroles !

Substituez l'étude à vos plaisirs frivoles.

Au pauvre, à l'orphelin apportez des secours,

Et du bonheur d'autrui composez tous vos jours ;

Rappelez-nous du Christ les préceptes sublimes ;

Eclairez le pouvoir, consolez les victimes.

Que le respect des lois, l'ordre et la liberté

Se confondent pour vous en un lien sacré !

Evitez avec soin l'orgueil et la bassesse,

Soyez justes, pieux, modérés sans faiblesse,

Et pardonnez l'offense, arme à double tranchant

Dont l'usage coupable est même un châtiment.

En faveur du passé, plus de lutte stérile !

Infusez dans nos lois l'esprit de l'Evangile ;

Et, de gloire et d'amour votre nom entouré,

Parviendra sans déchet à la postérité.

FIN.

(1) Un jour que Newton donnait à dîner à quelques philosophes, un des convives proposa à la fin du repas, suivant l'usage établi en Angleterre, de boire à la santé des princes. « Buvons, dit Newton, à la santé de tous les honnêtes gens, de quel- « que pays qu'ils soient. Ils sont ordinairement tous amis, parce qu'ils tendent tous « au même but : la connaissance de la vérité. »

(2) Sarasin était un des plus beaux esprits de son temps. Honoré de l'amitié du prince de Conty, qui l'avait pris pour secrétaire de ses commandements, enfant gâté de la ville et de la cour, il était tout à la fois poète, orateur, historien, traducteur et philologue. Deux de nos meilleurs critiques, Palissot et Clément, ont fait l'éloge de son talent hors ligne pour son époque. Clément s'est plu à reproduire dans ses *lettres à Voltaire* de nombreux fragments et des pièces entières de Sarasin, que ne désavoue-raient pas nos meilleurs poètes. Boileau, dans son *Lutrin*, et Pope, dans sa *Dun-ciade*, paraissent avoir tiré quelque parti de ses ouvrages. On trouve dans son ode sur la bataille de *Lens* des strophes très-belles, et dignes de Malherbe, dit Palissot, ce qui suppose à Sarasin un enthousiasme que Voiture n'avait pas. « Les Grands ne « savent peut-être pas assez jusqu'où peut aller la sensibilité *d'un homme de génie*. « Sarazin mourut de chagrin pour avoir cru déplaire au prince de Conty ; Racine eut « depuis le même sort, persuadé qu'il avait eu le malheur d'indisposer Louis XIV « contre lui. Cette sensibilité prouve, quoi qu'en ait dit l'envie, qu'une âme re- « connaissante et sublime se trouve presque toujours alliée à des talents supérieurs.» Quatre ans après la mort de Sarasin, Pélisson, encore protestant, vint visiter pieusement la tombe de son ami catholique, fit célébrer un service et fonda à per-pétuité un anniversaire en son honneur, après avoir gravé sur le modeste monument élevé à son ami la touchante épitaphe que voici, qui donne la plus haute idée des qualités morales de Sarasin :

> Adsta Viator ; Saracenus hic jacet ;
> Acer, disertus, eruditus, elegans,
> Oratione qui solutá commodè,
> Idem que versu scriberet feliciter ;
> Comis, venustus, et facetus, et placens,
> Domi, forisque, in otio, in negotio,
> Pariter jocosis et vacabat seriis,
> In cuncta rerum transiens miracula.
> Luge viator : Saracenus hic jacet.

N. à Germainville près de Caen,
en 1603, M. en 1654.

(3) Pendant le siège de Paris, Bossuet cacha quatre de ses compagnons d'études, poursuivis alors à cause de leurs opinions.

On cite du même prélat une lettre à Nelson, dans laquelle, au nom de l'Assemblée du Clergé de France, il remercie Bull, évêque de Saint-David, en Angleterre, dans les termes les plus flatteurs, du service que ce savant avait rendu au christianisme, en publiant son ouvrage sur les trois premiers siècles de l'Église, qui porte le titre de : *Judicium Ecclesiæ catholicæ trium priorum sæculorum*. Bossuet n'était

donc pas aussi intolérant qu'on l'a prétendu quelquefois. L'amitié qui l'unissait
à Paul Ferri, contre lequel il avait fait ses premières armes, et les deux faits
historiques que je viens de rappeler protestent suffisamment contre cette imputa-
tion. Choisi par S. Vincent de Paul pour chef d'une mission qu'il envoyait à Metz,
Bossuet ne chercha de force que dans la douceur, de triomphe que dans la concorde, et n'employa d'autres armes pour vaincre que celles de la persuasion. Lié
avec l'abbé de Rancé, dont il avait été l'émule, il comptait un grand nombre d'amis
qu'il sut conserver jusqu'au tombeau, et c'est dans les bras de l'un d'eux qu'il
rendit le dernier soupir. Jeune, il refusa la place de Grand-Maître de Navarre, parce
qu'elle lui paraissait au-dessus de son âge et de sa capacité. Devenu évêque, il se
dérobait souvent à la Cour, pour aller visiter son diocèse, portant toujours l'évan-
gile à la main. Lorsqu'il fut nommé précepteur du Dauphin par Louis XIV, il se démit
de son évêché, regardant ses devoirs d'évêque comme inconciliables avec ceux que
lui imposait sa nouvelle charge. Sa devise était : « *Servir l'Etat, c'est servir Dieu* ,
paroles remarquables qu'il avait prononcées dans une occasion solennelle. Tout en
remplissant avec scrupule, et jusque dans les plus petits détails, les devoirs de son
État, il était en correspondance avec l'un des philosophes les plus éminents de
l'époque, avec Leibnitz, qui appelait l'exposition de la foi catholique par Bossuet :
Opus aureum. En dehors de la dispute, Bossuet était doux, simple, modeste, intéres-
sant dans la conversation, ne cherchant à blesser personne. Malgré son austérité, une
bienveillance naturelle éclatait dans toute sa conduite. C'est à l'égard de Fénélon seulement qu'il oublia son esprit de mansuétude (tant il est vrai que l'imperfection est le
caractère de l'humanité!) On doit aussi lui reprocher d'avoir loué publiquement, dans
l'Oraison funèbre de Letellier, la révocation de l'Edit de Nantes. Mais son erreur tient
moins à lui qu'à une époque célèbre où les vrais principes du christianisme furent
malheureusement méconnus. Ce tribut payé à son siècle est amplement racheté par
l'intrépidité avec laquelle il défendit constamment les libertés de l'Eglise Gallicane,
et par les réflexions dont il fait suivre le récit de la mort de Charles IX dans l'abrégé
de l'histoire de France qu'il avait composé pour son élève. « C'était avec justice,
« dit-il, qu'on voyait nager dans son sang un prince qui avait si cruellement versé
« celui de ses sujets. » Enfin, quoi qu'en ait dit la calomnie, il sut toujours mettre
ses actions en harmonie avec ses principes, et c'est avec plaisir qu'on lit dans l'un
de ses ouvrages ascétiques les paroles vraiment divines qu'il met dans la bouche du
Christ : « C'est vous, chrétiens et catholiques, c'est vous qui faites blasphémer mon
nom sur toute la terre, parce qu'on ne peut croire que ma doctrine soit venue du
ciel, quand on la voit si mal pratiquée par ceux qui portent le nom de fidèles.

N. à Dijon, le 28 septembre 1627. — *M. le* 2 *avril* 1704.

De Ségur. — Robelot. — de Sauvigny.

(4) L'intimité qui régnait entre Châteaubriand et Armand Carrel, le grand jour-
naliste, n'est ignorée de personne. L'ode adressée par Béranger à l'illustre auteur
du Génie du Christianisme est dans toutes les mémoires comme dans tous les
cœurs. « *Je suis fier, disait M. Martin (de Strasbourg), d'avoir conservé des amis*
« *dans toutes les opinions. Je n'en ai perdu aucun ; je n'ai jamais permis que mes*
« *convictions politiques eussent de l'influence sur mon devoir, sur mes affections*
« *ou sur mes relations particulières. Je n'en ai jamais voulu à personne pour fait d'o-*
« *pinion.* » C'est ainsi que pensait M. L. Havin, directeur du *Siècle*, en rendant un

juste et touchant hommage à son honorable adversaire, M. de Lourdoneix, dont le caractère était si liant et le cœur si généreux. C'est ainsi qu'ont pensé les Lamartine, les C. Delavigne, les Daunou, les de Saint-Martin, * malgré la différence de leurs opinions. Il n'est pas jusqu'au farouche Lakanal dont je ne puisse invoquer à ce sujet le bon exemple et l'autorité (voir l'intéressante notice publiée sur Lakanal par M. Mignet, secrétaire perpétuel de l'Institut.

* M. de Saint-Martin (de l'Institut) fit maintenir par la Restauration la pension du conventionnel Daunou.

(5) L'histoire a consacré la noble amitié qui unissait ces Grands-Hommes. « Allez, dit Métellus à ses enfants, en apprenant la perte de Scipion, son rival de gloire, « allez assister aux funérailles du plus grand homme que Rome ait produit : vous « n'en verrez jamais de pareil. » Dans un temps où la proscription était un droit, la délation un devoir, et où le crime et la haine étaient érigés en vertus, Atticus sut se concilier l'amitié de tous les partis, sans jamais trahir sa conscience, et en conservant une parfaite fidélité à ses amis.　　　　　(AULUGELLE.)

(6) Je prends un exemple chez un peuple qui se pique de dédaigner les préjugés, et qui a produit de très-grands philosophes. Il existe à Londres une société Biblique, fondée en 1804. Dans moins de vingt ans, elle a dépensé, pour concourir à la propagation du christianisme, près de 25 millions de notre monnaie. Elle a fait traduire les Livres saints en 140 langues ou dialectes. Elle a distribué bien au-delà de 6 millions d'exemplaires de la Bible et de l'Evangile. Elle est affiliée, dans les différentes parties du monde, à 96 sociétés centrales autour desquelles se groupe un nombre immense de sociétés auxiliaires. En Angleterre, on compte près de trois mille réunions secondaires. — (RENOUARD, *Eléments de morale.*)

(7) Quand j'ai entendu les mêmes orateurs qui parlaient de liberté professer l'irréligion, j'ai baissé les yeux, et je n'ai point douté de la chûte de ces prétendus philosophes. Savez-vous comment les Américains proclamèrent leur indépendance ? Après avoir rédigé en congrès l'acte qui les séparait du roi d'Angleterre, ils se rendirent au Temple ; ils placèrent une couronne sur la Bible, et l'élevèrent vers le ciel. Ensuite, ils combattirent et triomphèrent. — J. DROZ. (*De la philosophie morale.*)

(8) La violence se résout en impuissance.　　　　　(VICTOR COUSIN)
　　　　　　　　　　　　　　　　　　　　　　　　de l'Institut.

Songez-y ; le sang appelle le sang.
　　　　　Paroles de LAGRANGE, *à la Chambre des pairs.*

OUVRAGES DU MÊME AUTEUR :

MOSAÏQUE LITTÉRAIRE

ou

CHOIX DE POÉSIES MORALES (Album religieux, politique
et littéraire). — Un vol. format Charpentier.

ELOGE HISTORIQUE de Parmentier, in-8°.

L'HISTOIRE PEINTE PAR LA POÉSIE,

ou

PROFIL POÉTIQUE DE L'HISTOIRE DE FRANCE, in-8°.

Chez l'Auteur, à Langeac (Haute-Loire), et chez tous les libraires.